삭망월 (朔望月)

달이 삭에서 다음 삭까지
또는 망에서 망까지 이르는 시간

가난한 시간들

비어 버린 잔을
우리의 빛바랜 시간으로 채운다면,
가장 날 것의 모양새를 기억할 수 있을까요.
잃어가는 순수(純粹) 앞에서
가난했던 우리의 시간을 기록합니다.

호담(淏潭)
맑고 깊은 연못
넓지 않아도 깊을 수 있기를

들어가며

 봄이 비가 되어 내린다. 떨어지는 빗방울과 발맞춰 다가온 초록의 숨결이 세상을 덮는다. 짧게 피고 지는 저 벚나무와 같이 비가 되어 떨어져 내리는 것들이 대체로 그런 것일까. 곁에 두고 싶은 것들은 대부분 오래가지 못해서 늘 눈이 아닌 마음에 담아 두었다.

 그렇게 사라질 것들에 한 켠, 그리고 또 한 켠 내어 준 마음은 금세 가득 들어 차고 말아서 어느새 무거워진 발걸음에 오늘도 발목 잡히고 만다.

 아무래도 '담아두기'보다 '비우기'를 먼저 배웠어야 했던 걸지도 모르겠다. 우리 계속해서 걸어가기 위해서. 남은 날을 살아가기 위해서.

 언제 그리고 어떻게 다가올지 모르는 그 순간을 마주하는 날, 조금의 아쉬움도 남기지 않기 위해서. 이미 늦었을지라도 이제부터 가진 것을 조금씩 내려놓는 연습을 시작해야 하지 않을까.

 꽃 떨어지는 봄. 피어나고 사그라드는 한 생애 속에서. 차오르고 저물어가는 마음속에서.

2024년 봄
호담

index
차례

        1부 : 삭(朔) ──── 14

        2부 : 망(網) ──── 38

   3부 : 다시, 삭(朔) ──── 60

1부. 삭(朔)

삭 (朔)

그저 같은 자리를 맴돌아요.

그렇게 달이 차고 기울기를 십수 번
그간 많은 계절이 변했지만,
아직 그 자리를 벗어나지 못했습니다.

비어 버린 밤하늘이지만
보이거나 보이지 않거나, 늘 곁에 있으므로

우리 비록 지금 따로임에도
여전히 함께인 것으로 할까요.

우리 조금 멀어져도
다시 무던히 차오를 것이므로

오늘도 그저 같은 자리를 맴도는 것으로 할까요.

낙화 (落花)

꽃잎 흩날리던 봄의 끝자락
사그라드는 꽃향기를 혼혼한 열기로 채우던 어느 날

계절의 경계선을 따라 홀로 길을 걸을 때,
제게 더는 어떤 것도 필요하지 않습니다.

시작이 있었기에 마주할 수밖에 없었던 것이겠지요.
시작의 뒷면은 언제나 끝이니까요.

쉼 없이 떨어지는 꽃잎 사이
돌아서는 발걸음 무겁기만 합니다.

언제나 이맘쯤이면 고민합니다.

새롭게 피어나는 것들과
수명이 다해 떨어져 내리는 것들 중
무엇에 더 가슴 아파해야 하는 것인지를요.

울고 싶다는 말과
여전히 울고 있다는 말 중
무엇이 더 심장 빨간 소리인지 고민하고 있습니다.

얼룩

함께 보낸 시간으로 피워냈던 수많은 꽃은
서로의 겉옷이 되어 저마다의 계절을 감싸요.

그렇게 갖가지 색으로 서로를 물들일 때면
지금 이 시간이 멈추지 않고 계속되기를
바라고 바랐습니다만

사실 모르지 않았어요.
지금 이 계절이 지나고 난 뒤에
남을 것은 그저 끈적이는 마음뿐이라는 걸

얼룩으로 변해 버린 추억은
결국 혼자 씻어내야 한다는 걸

사실은 모르지 않았어요.

이슬

한참을 흘리고 나서야 알았습니다.
곪아 버린 시간을 뚫고 새어 나온 것들의 무게를

매일 아침 반짝이던 이것이
실은 터져 버린 당신의 염증이었음을
저기 저 달님은 알았을까요.

여전히 한 시절을 잊지 못해
이따금 뒤돌아 보고는 합니다.

지난하고 가난했던 흔적을 덮어 가리기에
제 낯짝이 아직 그리 두껍지 못한 탓에

오늘처럼 당신이 숨어 버린 밤이면
그 빈 자리 어르며 한참을 서성이고 있습니다.

병폐

오-겡키데스카.

잘 지내냐는 말과 건강하냐는 말이 같은 선상에 놓여 있다는 것을 알게 된 이후로 저 더 이상 건강을 입에 담지 못합니다.

잘 지내고 있다는
그러니까 건강하다는
그 짧은 인사를 뱉어내기엔
가녀린 이 마음이 아직 다 식지 못한 탓에

솔직한 이야기로
이것은 '못' 보다는 '안'에 더 가깝겠습니다.

매일 밤 한 잔의 술로
차게 식은 심장을 덥히고

한 개비 담배로
새 나오는 입김을 감추는 것

이것으로 저 아직 잘 지내지 못한다는 대답이 되겠습니까.

야생화

갑작스레 쏟아지는 빗방울 피해
급하게 준비한 편의점 비닐우산
그 아래로 애써 몸을 숨겨봤습니다만

점차 젖어 드는 이 마음은
결국 이름 모를 검은 싹을 틔우고 말았습니다.

텅 비어 버린 가슴과 말라붙은 눈물샘
그 좁은 틈 사이로 피어난 이것을
꽃이라 이름 지어 불러도 되는 걸까요.

흐르지 못하는 마음 아래 뿌리 내린 이것을
어찌해야 할까요.

시작보다 찬란한 끝을 바랐던 건
결국 채우지 못할 욕심이었을지 모르겠습니다.

이 검은 잎사귀 마르는 날 오면
어느새 다시 돌아, 봄이 올까요.

제게도 다시 봄이 올까요.

커튼콜

달이 멀리 뜨던 날이면
스미는 바람에 흩날리는 옷자락만큼이나
어두운 저의 시간은 어둡고 위태롭습니다.

오늘 밤이 이토록 무겁게 느껴지는 건
높은 밤하늘 넘어 숨어 가시는 달님 탓일까요.

불어 드는 봄바람에 가슴 저릴 때면
까만 밤을 엮어 만든 바구니 속으로
홀로 남은 별들 주워 담아요.

작은 별들 모아
언젠가 이 짙은 밤 밝혀낼 그날을 그리며
그대 홀연 떠나버린 밤하늘 그저 올려다만 봅니다.

적당히 따로일 때

내뱉은 거친 숨결이 잿빛 연기가 되어
서로의 눈앞을 가리고 가려서
더는 서로가 서로를 보듬을 수 없을 때,

흩어지는 연기 사이로 달아나는 마음이야
애써 모른 척했습니다만

등 뒤로 들려오는 규칙적인 심장 소리,
차마 그것까지는 외면할 수 없었기에
이제 그만 인사하려 합니다.

오늘 밤이 오기 전에
우리 적당히 따로였다면
떨어지는 저 별이 조금 더 반짝였을까요.

내딛는 발걸음 흐려지기 이전에
우리 적당히 멀어졌다면
오늘의 밤이 이토록 젖어 있지는 않았을까요.

거품

그 어떤 무너짐도 약속할 수 없었던
위태로운 순간을 함께 보낸 우리의 세월은 거품이었다.

높게 솟은 가로등 아래에서
두 발아래 깔린 그림자를 지르밟는다.

거품처럼 사라져 버린 시간을 추억하듯이.

하루

무언가를 적어낼 수 있을 것만 같은 착각 속에 빠져 멍하니 흘려보낸 하루. 이제 하루 더 멀어졌으니 다시 그 자리로 돌아가기엔 하루만큼 더 어렵겠다. 슬픔은 그저 반복되는 것일지 몰라. 미뤄두고 외면해도 날마다 찾아오는 아침처럼.

마음 가무는 저녁이면 손바닥만 하게 작아진 하루에게 묻는다. 나의 오늘은 너에게 무엇이었냐고. 온종일을 함께 보낸 너와 나 사이에 남은 것이 대체 무엇이냐고.

손톱만치 작아진 네가 가고, 내일이 오면 다시 새로운 하루가 오겠지. 그 어떤 것도 품지 못한 시간 아래 남은 것은 그저 건강하냐는 한 마디뿐.

붙잡을 수 없는. 오늘도 그저 멀어져 가는.

하루, 애증스러운 나의 연인. 그의 이름 하루.

주야 (酒夜)

그저 숨 쉬는 것만으로
시려오는 가슴 탓에 아무것도 할 수 없을 때

멍하니 앉아 하루를 길게 늘어뜨리는 것으로
지친 마음 달래 보려 했습니다만

지나는 바람이 만든
풀잎의 사근거림에 남은 마음마저 베이고 말아요.

더는 어떤 것도 적어낼 수 없을 것 같은 무력함 속에
단 한 문장을 적기 위해 수없이 기도했던 밤을 떠올려요.

술의 힘을 빌려 나지막이 읊조리던 날들

진득했던 그 우정 깊숙이 묻어
비로소 머리는 맑아졌으나

맑아진 정신은 가슴과 마음이
서로 따로라는 사실을 강조할 뿐

혼탁하고 방탕한 내 마음아

당신의 수줍은 눈물이 그리워
다시금 저를 적셔야 합니까.

흠뻑 젖어 이제는 멀어진 지난날을 그리다 맞이한 아침

어스름한 새벽의 공기 사이
그 어떤 것도 느끼지 못하게 되어 버린 이 모습은
하루 더 늙어 쓸쓸한 고목과 같아요.

하루치 수명을 깎아 만든 이 모습은
누구를 위함입니까.

한 걸음 멀어졌으나
아무것도 달라지지 않았습니다.

회상

매서운 추위에 지쳐
보랏빛을 머금은 입술

그 사이를 흐르는
지독히도 독한 술을 핥아 마실 때

맥없는 동공
그 너머로 비친 이 모습을
어찌 사랑해야 합니까.

감춰진 것들은 언제나 얼룩져 있고
그 애달픈 이면을 매만질수록
감아지는 가냘픈 눈꺼풀이 있습니다.

갈수록 희미해지는 얼굴이 있습니다.

밤산책

밤이 되면 잠시 굳어 있던 슬픔이 녹아
불어 드는 밤바람, 그 차가운 밤공기에 닿아
한줄기 눈물이 되어 흐른다.

그이는 언제쯤 멈춰 서 울게 될까.

'걸으면서 하는 생각은 금방 날아가 버려서'
오늘도 부단히 몸을 움직이는 중.

2부. 망(網)

망 (網)

유독 머리 위로 달빛이 길게 머무르는 날이면
하염없이 쏟아지던 지난여름을 떠올리고는 합니다.

부서지는 빗방울과 함께 흐르던
검은 그것은 눈물이 맞았을까요.

불어 드는 바람 따라 멀어지는 저 구름 사이로
뭉개지는 생각 어르며
애타게 잠을 부르던 밤

더는 손 내밀어 잡을 수 없는 것들과
그저 앞으로 걸어서는 마주하지 못할 것들

그리고 떠나간 것들에 대해 생각합니다.

만월 (滿月)

밤하늘 당신의 얼굴로 가득 들어차는 밤이면
옷자락 스치는 바람에도 괜스레 뒤돌아보게 됩니다.

이내 곧 비워내야 할 테지만
그럼에도 채우기를 멈추지 못하는 건

쏟아져 내리는 이 달빛
조각조각 떨어지기 이전에는
서로 하나였음을
아직 기억하고 있기 때문일까요.

이미 부서져 버린 마음이지만
불어 드는 바람 타고
언젠가 그 곁에 가 닿을 수 있기를 바라며

오늘도 가득 차오르고 있습니다.

월식 (月蝕)

당신과 맞닿은 시선 속에 내가 덮일 때면
이대로 가려져 점차 사라져 버리는 건 아닐까
내심 걱정했습니다.

비어 있던 마음이 당신으로 가득 찰 때면
어느새 무거워진 내가 다시는 날지 못하는 건 아닐까
두렵기도 했습니다.

쏟아지는 달빛에 발걸음 붙잡힐 때면
어두운 밤, 달빛 더듬어 빚어낸
지난날의 기억이 떠오르고는 합니다.

남은 온기 한 줌, 품에 안고서
저 여전히 추워하는 까닭은

사랑이 사랑으로 덮였던
어두웠던 그날에
저 아직 머물러 있기 때문입니다.

발걸음

문을 열고 집을 나서기 전
신발의 매듭을 여러번 고쳐 묶는 것.
그 정성스러운 행위에는 무슨 의미가 담겨있는 걸까요.

더욱 자신감 있는 발걸음을 위한 준비가 될까요.

그것이 우리의 시작을 위한 발걸음인지
불현듯 찾아올 그 순간에
망설임 없이 돌아서기 위한 것인지
저는 아직 모르겠습니다.

시작하기 이전에 이별을 준비했다면
우리의 그것은 과연 시작이 맞았던 것인지

돌고 돌아 어느 날에
우리 다시 만나게 된다면
그날의 우리는 끝이 아니었던 것인지
저는 여전히 모르겠습니다.

월광 (月光)

내리는 비에 녹아
소리 없이 사라지는 것들 말고요.

제 한 몸 바쳐 반짝이다
사라지는 그런 별들 말고요.

깊은 밤, 마를 틈 없이
쏟아지는 은은한 달빛 아래
지난밤 꾸었던 꿈을 묻겠습니다.

스스로 빛을 내지 못하더라도
가슴 깊이 뿌리 내리는 이 달빛이라면
사랑이라 이름 붙여도 좋겠습니다.

홀로 누워 잠에 드는 밤이면
흔들리는 검은 바다 그 위로
두 개의 달이 뜨는 꿈을 꾸겠습니다.

눈맞춤

고개 돌려 마주한 당신의 검은 두 눈동자
그 아래 자리 잡은 짙은 그늘을 바라볼 때면
이따금 울적한 기분이 들어요.

포개지는 두 그림자 아래로
나의 눈물 질 자리가 언뜻 보이고는 합니다.

제법 서늘해진 공기와
한껏 붉게 물든 하늘로 소란스러웠던 어느 날

문득 겨울이 가깝게 느껴졌던 그날의 저녁

잦아드는 발걸음 소리에 귀 기울이며
깜빡이는 가로등 불빛 아래
애꿎은 그림자만 늘어뜨려 봅니다.

밀항 1

어둠은 서로가 지워 내지 못한 것들을
먹고 자라나는 걸까요

끝없이 밀려드는 어두운 밤을
오늘도 헤매입니다.

쉼 없이 흔들리고 수없이 넘어져도
그저 버텨내는 것이
삶이라고 배웠습니다만

앞으로 얼마나 더 많은 밤을 쌓아 올려야 할까요.

어둠이 넘실거리는 밤이면,
부산스레 도착한 이곳에서
짙어진 어둠에 기대어 남은 하루를 게워 내고는 합니다.

흥건히 젖은 밤, 우뚝 솟은 달님 아래
차오르는 달빛만이 지친 새벽의 간극을 메우고 있습니다.

밀항 2

머리 위로 쏟아지던 은은한 달빛
조금씩 기울어 외딴섬 비출 때면
검게 물든 바다 위로 반짝이던 슬픔을 보았습니다.

살며시 드러나는 기억의 조각들
조심스레 주워 담을 때면
참아왔던 눈물은 이내 울음으로 번지고 말아요.

잔잔한 오늘의 물결이
거센 파도가 되어 돌아오면
뒤엉킨 우리의 시간 갈라설 수 있을까요.

검은 바다 위로 당신의 눈물 쏟아질 때면
이제는 닿지 못할 외딴섬 향해
가만히 배를 띄워 봅니다.

여울

잦아드는 빗소리에 맞춰
하나둘 옅어지는 발자국과

그대 떠난 자리,
그 위를 수놓았던 일곱 빛깔 무지개

오늘처럼 비 내리는 아침이면
떠오르는 그날의 풍경을 저 아직 기억하고 있습니다.

바다 건너에 띄워 놓은 일곱 개의 다리,
그 너머에 아직 제 자리가 없다는 걸 알기에
오늘도 그저 바라볼 뿐 다가서지 못합니다.

참아 왔던 눈물과
눈앞으로 번져 가는 물안개

다시금 쏟아집니다.
안에서부터 밖으로 여울집니다.

현상

사진 속 너는 늘 그대로 멈춰 있고
나를 바라보던 그 눈동자는 조금의 흔들림도 없어.

차분한 시선 아래 자리 잡은 마음을
도무지 헤아릴 길이 없어서
가만히 눈을 감고 네 곁으로 다가간다.

깊이, 더 깊이

그렇게 다가선 너의 곁에서
떨어지는 나뭇잎과 눈을 맞추고 안부를 묻기도 하면서
네가 만든 세계를 훑는다.

서글대는 여러 몸짓들 사이
네가 남긴 고백을 찾는다.

별을 보며 걷자던 약속과
눈 내리는 곳으로 가자던 말

너를 사랑한다는 말

매듭

그저 멋모르고 걸을 때는 알지 못했다.
내 지난 발걸음이 서로 얽히고설켜
이제 와 발목 잡게 될 줄은

방향성 없이 보낸 시간이 쌓이고 쌓여
이렇게 무겁게 느껴질 수 있다는 걸
나는 미처 알지 못했다.

대책 없이 꼬아진 시간을 풀어 내기가 이토록 어렵다는 걸
나는 미처 알지 못했다.

살구꽃

지금 제 앞에 살며시 피어있는 저 꽃은
살구꽃이라고 합니다.

무지한 저는 그 사실을 전해 듣기 전까지
그저 벚꽃으로 알았지, 뭐예요.

우매한 착각 속에 피어난
봄의 시선 아래에서
훌쩍 다가온 당신의 온기를 느끼고

머나먼 바다 건너 다가온
익숙한 향기에 젖어

오늘도 그만 당신을 떠올렸지, 뭐예요.

성장통

'돈으로 살 수 없는 것들을 내게 줘'

겪어야만 알 수 있는 것들이 있어요.
눈에 보이지 않는 것들을 믿기로 해요.

달라 보이려 했지만
다를 게 없다는 사실에
생채기 난 밤.

겨울이 아닌
다른 계절을 살기 위해
애를 쓰던 밤.

३부. 다시, 삭(朔)

다시, 삭 (朔)

어딜 또 가느냐, 당신이 물으면
그간 말하지 못했던 저의 야윔에 관해 이야기해야 할까요.

밖으로만 뛰는 이 심장에 관한 이야기 말이에요.

그믐

달빛 가물어 가던 날에
얼룩진 얼굴 비추었던 건
달로부터 흩어진 별들이었을까요.

부서져 내릴 때 마저 아름다울 수 있다는 건
당신의 눈물과 퍽 닮아 있는지도 모르겠습니다.

오늘의 이달도 다시금 가득 차오르면
또 무수한 별이 되어 떨어질까요.

오늘도 그저 홀로 남겨진 밤하늘 곁으로
조그만 손톱달이 떴습니다.

틈

이제 와 떨어지는 이 눈물로
이미 벌어진 우리의 간격을 메울 수는 없겠지요.

그저 가만히 눈물 흘리는 것으로
이미 쪼개진 마음 다시 맞닿을 수는 없겠지요.

그럼에도 여전히 멈추지 못하는 건
어떻게 설명해야 할까요.

산산이 부서진 추억의 조각
주워 맞추는 꿈속을 홀로 헤매입니다.

새싹

시간이 흘러 어느덧 다시 봄입니다만
파릇함을 한껏 뽐내는 주변을 뒤로한 채,
앙상한 빈 가지들만 품에 안고서는
오롯한 꽃 한 송이 피워 내지 못하고 있습니다.

쉽사리 싹 틔우지 못하는 건
곁을 주고도 외로웠던 지난 기억 때문일까요.

텅 비어 버린 시간 속을 헤매여도
저 여전히 허기지지 않은 까닭은

채우는 것보다 비우는 것이
더 어렵다는 걸

피어날 때보다 저물어 갈 때
더 아프다는 걸

지난겨울, 알게 되었기 때문입니다.

피어나고 사그라드는 한 생애 속에서
피워냄으로 저물어 가는 마음에 대해 생각합니다.

날마다 꽃 피는 봄을 살아가는 꿈을 꿉니다.

호우 (豪雨)

아무리 눌러 담아도
새어 나오는 마음은 어찌해야 할까요.

이제 더는 들을 수 없는 것들과
눈에 담을 수 없는 것들

당신이라는 그리움

너무나도 무거운 그것을
아직 소리 내어 부르지는 못할 것 같습니다.

되뇔수록 얼룩지는 마음 탓에
오늘도 부치지 못한 편지가 늘어갑니다.

빈 잔

흘러가는 시간이 지워줄 거라던
그 말을 믿고서 여기까지 왔어요.

몇 번을 더 기울여야 비워질까요.
좀처럼 마르지 않는 술잔 탓에
오늘 밤도 흔들리기만 합니다.

집에 돌아가는 길,
손끝에 닿은 이 달빛이
여전히 차갑습니다.

은방울꽃

그대 점차 말라가는 까닭은
미처 흘리지 못한 눈물 탓에 언제나 목마르기 때문인가요.

하루하루 시들어 가는 당신을 바라보는
이 시선 속에 전하지 못한 말들을 눌러 담습니다.

우리 못다 한 이야기는
꽃 피는 봄이 오면
보다 옅은 눈빛으로 전하기로 할까요.

기다리는 계절이 오기까지
앞으로 몇 번을 더 되뇌어야 할까요.

오늘도 뱉어 내지 못한
당신의 이름 세 글자 머금고서
부풀어 가는 마음 달래며
그저 하루를 살아갑니다.

감히

상처를 통해 성장할 수 있었다는 결과론적인 이야기는 우리 그만 묻어두도록 해요.

세상은 자랄수록 굽어지는 이 머리카락처럼 방향을 알 수 없는 것들로 가득하니까요.

그저 눈을 뜨고 맞이한 그날의 온도, 습도와 같은 것으로 대강의 모습을 짐작할 뿐. 자라난 제 머리카락의 행방도 알지 못하는 제가 감히 그 무엇을 예상할 수 있겠어요.

중독

커피 한 잔으로 하루를 시작하는 건
조금 더 반짝이는 눈빛으로 당신을 바라보기 위함입니다.

검은 하늘 짙어지는 밤이 오면 남은 시간, 술로 적시는 건
조금 더 촉촉한 마음으로 당신 곁에 잠에 들기 위함입니다.

그렇게 조금씩 그리고 살며시 얼룩져 가는 건
남겨진 시간 속을 살아가기 위함입니다.
홀로 남은 시간 속에 길을 잃지 않기 위함입니다.

물망초

처음으로 당신에게 이름 붙였던 날 이후로

쉼 없이 쌓여가는 시간은
당신을 위한 양분이 되었고

하늘에서 떨어지는 모든 것들은
당신을 향한 애정 어린 시선이 되었습니다.

그렇게 흘러가는 시간 속에서
우리 서로의 이름을 부르고

그렇게 서로를 위한 꽃이 피고, 꽃이 지고

메마른 가슴 위로 쏟아지는 이것을
당신을 위한 눈물이라 말해도 되는 걸까요.

서로에게 무엇으로 남겨질지
알지 못했던 시간이 흐르고 난 뒤

얼룩진 우리에게 남은 것은
그저 가냘픈 물망초 한 송이

흡연

후--   후--

거칠게 내뱉는 숨결에
손가락 사이 남은 추억이 짧아져 간다.
그렇게 태워 낸 것들이 재가 되어 흩어져 간다.

한때, 더없이 소중했을 우리의 시간이
하찮은 재가 되어 사라져 간다.

그것을 바라보는 시선이 조금은 서글퍼진 까닭에
오늘도 미처 다 태우지 못하고 비벼 끄고 만다.

정말 소중했던 기억은
남겨 두는 것으로 다음을 기약한다.

떠나간 네가 남겨 준
기억에 대한 작은 예의라 자위하며

나는 또 하나의 추억을 태워 낼 준비를 한다.

파종 (播種)

쉽게 뱉어낸 것들은 대체로 깊게 뿌리 내리지 못했습니다.
쉽게 뱉어낸 만큼 가벼운 무게 탓에 금세 날아가 버리고는 했으니까요.

그렇게 비워낸 자리가 쉬이 바람으로 들어찰 때면
조금 더 깊게 담아 두지 못한 저를 원망했습니다.

떠나보낸 뒤에는 더는 곁에서 보듬을 수 없음을 알기에
제게 남은 이 마음이 부디 후회로 기억되지 않기를 바랍니다.

비록 싹이 트지 못할지라도
내일은 조금 더 짙어질 수 있기를 바라며
오늘도 하루 더 아끼며 살아가겠습니다.

솜사탕

 기어이 그것을 손에 쥐고서야 알았다. 그간 네가 주었던 달콤했던 모든 것들이 돌아선 후에는 그저 끈적임으로 남는다는 걸. 빈손을 쥐었다 펴기를 반복할수록 더럽혀지는 손바닥. 네가 지나간 이 자리가 불쾌함으로 기억될까 하는 두려움에 오늘도 손을 씻는다. 물에 녹아 사라지는 솜사탕을 바라보는 어린아이 같은 표정으로.

끝눈

아이야,
쌓인 눈 아래 찍어 둔 발걸음 따라
이정표 없는 여행을 떠나 보지 않을래.
창밖으로 눈이 오잖아

아이야,
오늘도 쌓여 가는 눈 소리에 대답하는 것으로
흐르는 시간 붙잡고 서 있지는 않니

다가올 꽃내음 기다리는
유약한 네 모습 들키고만 모양이다.
창밖으로 여전히 눈이 내려

아이야, 아이야
이제 그만 초록이 주는 봄의 향기에
어우러져 보지 않을래

초록 들판 한 가운데 두 팔 벌려 누워 보자

이제는 시린 겨울 바다 말고
새록한 꽃바다에 몸을 던져 보자

순환

한없이 이어지던 초록의 숨결을 피해
볕이 없는 길을 골라 걷다 우연히 다시 만난 너는

슬픔이 비워지는 소리에 귀 기울이려
내리는 비 따위에 젖어 드는 것 따위는 두려워하지 않는
여전히 멋진 사람이었습니다.

쳇바퀴처럼 굴러가는 계절 탓에
이제 또 멀어질 시간입니다만

한 걸음 다가선 추위를 빌려
미처 덜어 내지 못한 마음, 한데 모아 얼려두었습니다.

언젠가 돌아오는 계절 아래
다시금 녹아내릴 수 있기를 기도하며
꽁꽁 얼려두었으니

오늘은 그저 모든 것에
때가 있다는 말을 믿어보기로 합니다.

수면

　친밀함을 유지하기 위해서는 무언가를 지속적으로 함께 해야 하잖아. 그래서야, 매일 밤 좀처럼 오지 않는 잠을 애타게 기다리는 건

　자연스레 다가왔던 그것과 얼굴을 마주하고 편안히 웃었던 것이 언제였는지 잘 기억나지 않아. 그저 넘어지지 않으려 애를 쓰던 한낮의 지평선 넘어, 그간 보낸 밤이 설익은 탓에 거둘 것 없는 아침이 반복되고 있어.

　다만, 야위어 가는 이 얼굴이 너와 가까워지기 위한 과정이라면. 언젠가 이 짙은 밤의 경계를 찢고 나올 어느 날을 위해서라면. 나는 오늘도 기꺼이 선잠으로 밤을 채우고 거둘 것 없는 아침을 맞이할 테야.

마치며

술 없이 보내는 밤이 두려울 만큼 나약해진 탓일까요. 기울어 가는 달을 보면 매일 밤이 아쉬워요. 아침이 오고 해가 뜰 때쯤, 눈을 뜬 채로 잠에 드는 날들은 언제까지 계속되는 걸까요.

지나간 그 시절, 어느 때보다 많이 웃었습니다만 그 거짓 웃음에 취해갈수록 쌓여가는 위태로운 시간 속에서 저 조금씩, 조금씩 야위어갑니다.

언제쯤이면 될까요. 다시 겨울이 오고 눈이 두어 번 정도 내리면 될까요. 매일 밤, 아쉬움에 넘쳐 흘렀던 이 술잔에 조금은 여유가 생기는 일 말이에요.

지난밤의 무게를 덜어내고 한껏 가벼워진 태양이 떠오르는 아침을 반가워할 날이 제게도 찾아올 수 있을까 걱정입니다.

계절은 어느새 또 한 바퀴, 굴러가고 있습니다.

삭망월 적당히 따로일 때

2019년 9월 27일 1판 1쇄 발행
2024년 6월 25일 개정판 1쇄 발행

글/사진	호담(湖潭)
디자인	호담(湖潭)
펴낸곳	가난한 시간들

출판등록 2019년 1월 24일 (제 2019-000013호)

ISBN   979-11-966945-7-9

CopyLight by ⓒ가난한 시간들

이 책의 저작권은 출판사 가난한 시간들에 있습니다.